BEI GRIN MACHT SICH IHR WISSEN BEZAHLT

- Wir veröffentlichen Ihre Hausarbeit, Bachelor- und Masterarbeit

- Ihr eigenes eBook und Buch - weltweit in allen wichtigen Shops

- Verdienen Sie an jedem Verkauf

Jetzt bei www.GRIN.com hochladen und kostenlos publizieren

Leonard Schroeder

Nationalismus – zwangsläufiges Ergebnis des Untergangs der Feudalgesellschaft im 19. Jahrhundert?

GRIN Verlag

Bibliografische Information der Deutschen Nationalbibliothek:

Die Deutsche Bibliothek verzeichnet diese Publikation in der Deutschen National-bibliografie; detaillierte bibliografische Daten sind im Internet über http://dnb.d-nb.de/ abrufbar.

Dieses Werk sowie alle darin enthaltenen einzelnen Beiträge und Abbildungen sind urheberrechtlich geschützt. Jede Verwertung, die nicht ausdrücklich vom Urheberrechtsschutz zugelassen ist, bedarf der vorherigen Zustimmung des Verlages. Das gilt insbesondere für Vervielfältigungen, Bearbeitungen, Übersetzungen, Mikroverfilmungen, Auswertungen durch Datenbanken und für die Einspeicherung und Verarbeitung in elektronische Systeme. Alle Rechte, auch die des auszugsweisen Nachdrucks, der fotomechanischen Wiedergabe (einschließlich Mikrokopie) sowie der Auswertung durch Datenbanken oder ähnliche Einrichtungen, vorbehalten.

Impressum:

Copyright © 2011 GRIN Verlag GmbH
Druck und Bindung: Books on Demand GmbH, Norderstedt Germany
ISBN: 978-3-656-31673-2

Dieses Buch bei GRIN:

http://www.grin.com/de/e-book/196406/nationalismus-zwangslaeufiges-ergebnis-des-untergangs-der-feudalgesellschaft

GRIN - Your knowledge has value

Der GRIN Verlag publiziert seit 1998 wissenschaftliche Arbeiten von Studenten, Hochschullehrern und anderen Akademikern als eBook und gedrucktes Buch. Die Verlagswebsite www.grin.com ist die ideale Plattform zur Veröffentlichung von Hausarbeiten, Abschlussarbeiten, wissenschaftlichen Aufsätzen, Dissertationen und Fachbüchern.

Besuchen Sie uns im Internet:

http://www.grin.com/

http://www.facebook.com/grincom

http://www.twitter.com/grin_com

Leonard Schroeder

Nationalismus –
zwangsläufiges Ergebnis des
Untergangs der Feudalgesellschaft
im 19. Jahrhundert?

Abgabetermin: 19.12.2011

Inhaltsverzeichnis

1. Einleitung 3

2. Definitionen 4
   2.1 Nationalismus – eine Ideologie 4
   2.2 Was kennzeichnet eine Feudalgesellschaft? 5

3. Frankreich – Geburtsland des modernen Nationalismus 6

4. Ursachen der Entstehung des Nationalismus 7
   4.1 Die Modernisierungstheorie 7
   4.2 Das Bürgertum als Trägerschicht des Nationalismus 10
   4.3 Wiener Kongress und Restaurationsphase – Aufstieg des deutschen Bürgertums 11
   4.4 Entstehung des deutschen Nationalismus 11
   4.5 Sozialer Wandel als Voraussetzung nationaler Bewegungen 14

5. Fazit 15

6. Quellenverzeichnis 18

7. Literaturverzeichnis 18

1. Einleitung

„Der Begriff *Nationalismus* ist einer der inhaltlich vieldeutigsten, die es im politischen und wissenschaftlichen Sprachgebrauch gibt."[1] Die Schwierigkeit den Begriff zu definieren zeigt sich zudem darin, dass sich die Historiker und Sozialwissenschaftler nicht einig sind, seit wann man von Nationalismus sprechen kann. Die große Mehrheit sieht jedoch die „Zeit des revolutionären Umbruchs in der zweiten Hälfte des 18. Jahrhunderts"[2] als Entstehungszeitraum an.

Bisher wurden vor allem die verschiedenen Erscheinungsformen des Nationalismus untersucht. Wann, wie und warum der Nationalismus entstanden ist und welcher Entstehungsbedingungen es dafür bedurfte, rückte erst in neuerer Zeit ins Zentrum des Forschungsinteresses[3]. Mit dem „*annus mirabilis*"[4] 1983 begann ein Umdenken in der Nationalismusforschung. Das historische Phänomen der Nation wird seitdem als menschliches Konstrukt betrachtet.

Auffallend ist die zeitliche Parallelität des Entstehens nationaler Bewegungen mit der „Modernisierung des gesellschaftlichen, wirtschaftlichen und sozialen Lebens"[5] gegen Ende des 18. Jahrhunderts, weshalb die Forschung von einem Zusammenhang zwischen Nationalismus und sozialem Wandel ausgeht. Möglich wäre deshalb, dass der Nationalismus ein Ergebnis des Untergangs der Feudalgesellschaft ist, denn das Auflösen einer gesellschaftlichen Ordnung hinterlässt eine Lücke und verlangt das Bilden von neuen gesellschaftlichen Bindungen. Neben den politischen Umwälzungen, die seit der Französischen Revolution 1789 die politische Mobilisierung der Bevölkerung zur Folge hatten, startete in England eine wirtschaftliche Revolution, die Industrialisierung. Zusammen leiteten sie eine „Epoche des

---

[1] Winkler, Heinrich August, Der Nationalismus und seine Funktionen. In: Winkler, Heinrich August (Hrsg.), Nationalismus, Königstein/Ts. 1985, S. 5.
Vgl. dazu auch Alter, Peter, Nationalismus, Frankfurt am Main 1985, S. 10.
[2] Ebd., S. 5.
[3] Vgl. Alter, Peter, Nationalismus, Frankfurt am Main 1985, S. 81.
[4] Wehler, Hans-Ulrich, Nationalismus. Geschichte, Formen, Folgen, 3. Aufl., München 2007, S. 8. Wehler bezieht seine Aussage, das Jahr 1983 sei das „annus mirabilis", auf das Erscheinen dreier Bücher zur neuen Nationalismusforschung und den Ideen des neuen Konstruktivismus, verfasst von Ernest Gellner, Benedict Anderson und Eric Hobsbawm.
[5] Alter, Peter, Nationalismus, Frankfurt am Main 1985, S. 82.

beschleunigten politischen, wirtschaftlichen und sozialen Wandels ein"[6], in der die traditionellen Werteordnungen zerbrachen. „Der Zerfall traditioneller Legitimität, regionaler oder ständischen Bindungen schuf Raum für neue Loyalitäten."[7] Der Nationalismus als Integrationsideologie gab neue Orientierung und integrierte das von alten Bindungen losgelöste Individuum wieder in einer Gesellschaft, die Nation.

2. Definitionen

2.1. Nationalismus – eine Ideologie

Zu Beginn der Hausarbeit muss der Begriff *Nationalismus* definiert werden, denn wie Miroslav Hroch festgestellt hat, herrscht heute eine „Verwirrung um den Nations- und Nationalismusbegriff"[8] und bis heute gibt es keine allgemeinverbindliche Definition.[9] „Die Phänomene Nation und Nationalismus stell(t)en Theoretiker stets vor ein großes Rätsel, denn sie sind mächtig, zugleich jedoch ohne jede greifbare oder gar rationale Theorie, zumal beständig eine Veränderung der Form stattfindet."[10]

Nationalismus ist „eine auf die moderne Nation und den souveränen Nationalstaat als die zentralen Werte bezogene Ideologie, die geeignet ist, soziale Großgruppen zu integrieren und sie durch nat. Identifikation gegen die andersstaatl. Umwelt abzugrenzen. N. entsteht entweder als Ideologie von Gesellschaftsschichten (z.B. des Bürgertums), die infolge wirtschaftl. oder sozialer Wandlungsprozesse aufsteigen, oder als Ideologie eines sich seiner selbst bewußt werdenden Volkes gegenüber einem übernat. Herrschaftsverband. [...] Als polit. Ideologie gewann er [...] erst seit der Frz.

---

[6] Ebd.
[7] Ebd.
[8] Hroch, Mirsolav, Das Erwachen kleiner Nationen als Problem der komparativen sozialgeschichtlichen Forschung. In: Winkler, Heinrich August (Hrsg.), Nationalismus, Königstein/Ts. 1985, S. 155.
[9] Vgl. Alter, Peter, Nationalismus, Frankfurt am Main 1985, S. 13.
[10] Stich, Torben B.F., Die Nationalismustheorie von Eric J. Hobsbawm. In: Salzborn, Samuel (Hrsg.), Staat und Nation. Die Theorien der Nationalismusforschung in der Diskussion, Stuttgart 2011, S. 32f. Stich zitiert hier Hobsbawm: „Nationalism is probably the most powerful political phenomenon of our century [...], but analysis has found it remarkably hard to come to grips with it." (Hobsbawm, Eric J., Some reflections on nationalism. In: Nossiter, Thomas J./Albert H. Hanson/Stein Rokkan (Hrsg.), Imagination and Precision in the Social Sciences. Essays in memory of Peter Nettl, London 1972, S. 385-406.

Revolution durch die Verbindung mit den demokrat. Ideen der Selbstbestimmung und die Volkssouveränität überragende Bedeutung."[11]
In der heutigen internationalen Diskussion der Experten wird der Nationalismus „als eine nach Möglichkeit neutrale Abkürzung für ein extrem einflussreiches Ideensystem gebraucht."[12]
So sieht Eugen Lemberg den Nationalismus als *Integrationsideologie*. Es ist nicht ein gemeinsames Merkmal, wie etwa die Sprache, sondern „ein System von Vorstellungen, Wertungen und Normen, ein Welt- und Gesellschaftsbild"[13], das den Nationalismus definiert. Peter Alter erweitert diese Definition, indem er ihn noch als „politische Bewegung"[14] beschreibt, die große Bevölkerungsgruppen politisch mobilisieren kann. Im Gegensatz zu den Gedanken der Aufklärung ist das Individuum nicht Mitglied der Menschheit oder Weltbürger, sondern fühlt sich in erster Linie einer bestimmten Nation zugehörig.[15]

„Der moderne Nationalismus ist ein Kind der Französischen und Amerikanischen Revolution"[16], obwohl der Ursprung des Nationalismus „tief in der Vergangenheit verwurzelt"[17] ist.

2.2. Was kennzeichnet eine Feudalgesellschaft?

Der Feudalismus (auch: Feudalsystem) ist im engeren Sinne eine „Bez. für eine Form der sozialen, wirtschaftl. und polit. Ordnung, in der eine adlige Oberschicht vom Herrscher lehnsrechtlich mit Grundherrschaft sowie polit. und gesellschaftl. Vorrechten ausgestattet wird. [...] Durch die feudale Grundherrschaft erlangte [...] die Oberschicht die volle Überlegenheit über die anderen Schichten, die teils in weitere feudale Stufen geordnet waren, teils als Untertanen (Hintersassen, Hörige, Leibeigene) außerhalb des eigentl.

---

[11] Art. Nationalismus, In: Meyers Enzyklopädisches Lexikon in 25 Bänden, 16. Band, 9., völlig neu bearb. Aufl., Mannheim 1976, S. 780.
[12] Wehler, Hans-Ulrich, Nationalismus. Geschichte, Formen, Folgen, 3. Aufl., München 2007, S. 13.
[13] Lemberg, Eugen, Nationalismus, Bd. 2, Reinbek 1964, S. 52.
[14] Alter, Peter, Nationalismus, München/Zürich 1994, S. 20. Zit. nach: Weidinger, D., Nation, Nationalismus, Nationale Identität. Hrsg. von der Bundeszentrale für politische Bildung, Bonn 1998, S. 26f.
[15] Vgl. Alter, Peter, Nationalismus, Frankfurt am Main 1985, S. 14f.
[16] Ebd., S. 61.
[17] Kohn, Hans, Die Idee des Nationalismus. Ursprung und Geschichte bis zur Französischen Revolution, Frankfurt 1962, S. 9.

Lehnsverbandes standen. [...] Eine strenge Hierarchie von Treuebeziehungen hielt dieses System zusammen."[18]

Folglich ist eine Feudalgesellschaft ein Gesellschaftssystem, das von personalen Beziehungs- und Abhängigkeitsverhältnissen gekennzeichnet ist, die man Personenverbandsstaat nennt. Feudalgesellschaften sind in Europa Agrargesellschaften gewesen, die hierarisch gegliedert waren und in denen es eine kleine privilegierte Schicht gab, die über die Mehrheit herrschte.

Die Zeit des Feudalismus reichte vom Frühmittelalter bis zur Französischen Revolution. Bis dahin wurden die Grund- und Gutsherren als die ökonomisch und sozial herrschende Gruppe angesehen und es existierte eine staatsfreie Sphäre, in die die vormoderne Staatlichkeit nicht hineinreichte.

In der Französischen Revolution wurde der Begriff *féodalité* als politischer Kampfbegriff für die Bezeichnung der alten gesellschaftlichen Verhältnisse verwendet.

3. Frankreich – Geburtsland des modernen Nationalismus

Frankreich gilt als das Geburtsland des modernen Nationalismus. Der französische Geistliche Emmanuel Joseph Sieyès, genannt Abbé Sieyès, schreibt in seiner Flugschrift *Qu´est-ce que le tiers-état?*(dt.: *Was ist der Dritte Stand?*), veröffentlicht Ende 1788, dass der Dritte Stand, der 98% der französischen Bevölkerung umfasst, ALLES ist, jedoch keinerlei politische Mitbestimmung im Staat hat. Der Dritte Stand, in dem sich im 18. Jahrhundert das Bürgertum und die Intellektuellen formierten, sei ein „gefesseltes und unterdrücktes Alles."[19] Der Dritte Stand ist die Stütze des Landes, aber die beiden privilegierten Stände, Adel und Klerus, haben alle politische Macht inne, obwohl der Dritte Stand der Träger und Motor der französischen Wirtschaft ist. Sieyès definiert Nation als eine Gemeinschaft rechtsgleicher Bürger, die durch ein Parlament repräsentiert wird. Beides ist in Frankreich zu diesem Zeitpunkt aber nicht vorhanden. Für ihn verkörpert nur der Dritte Stand die Nation. Die ersten beiden Stände sind von der Nation

---

[18] Art. Feudalismus, In: Brockhaus. Die Enzyklopädie in vierundzwanzig Bänden, Studienausgabe, 7. Band, 20. überarb. u. akt. Aufl., Leipzig 2001, S. 255f.

[19] Sieyès, Emmanuel Joseph, *Qu´est-ce que le tiers-état?*. Zit. nach: Schmitt, Eberhard und Reichardt, Rolf (Hrsg.), Emmanuel Joseph Sieyès. Politische Schriften 1788-1790, 2. Aufl., München-Wien 1981.

ausgeschlossen, weil sie durch ihre Privilegien nicht die gleichen Rechte wie die Angehörigen des Dritten Standes haben. Daraus abgeleitet ist die französische Nation eine politische Willensgemeinschaft, der Wille des einzelnen entscheidet, ob er der Nation zugehörig ist (Voluntarismus). Zur Nation gehört, wer sich der Revolution des Dritten Standes anschließt.

Im Verlauf der Französischen Revolution konstituierten sich die Abgeordneten des Dritten Standes in der Versammlung der Generalstände am 17. Juni 1789 zur Nationalversammlung. Sie stützten sich dabei auf Rousseaus Idee der Volkssouveränität ohne die der Nationalismus undenkbar wäre.[20] Demnach haben alle Menschen von Natur aus gleiche Rechte und das Volk ist der alleinige Ursprung der Herrschaftslegitimation sowie Herrscher über sich selbst. Sieyès begründete damit, dass es alleine der Nationalversammlung zustehe, den Gesamtwillen der Nation auszudrücken. Die Begriffe *Nation* und *féodalité* wurden zu Kampfbegriffen gegen die ständische Ordnung. „Allein die Nation war die Quelle der Macht."[21] Mit der Revolution der Bauern im Sommer 1789 und den *Augustbeschlüssen* wurden in Frankreich die feudalen Privilegien abgeschafft.

Der Nationsgedanke des Abbé Sieyès und die politische Mobilisierung der Trägerschichten des Nationalismus standen vor der Beseitigung der Feudalgesellschaft, weshalb der Nationalismus nicht ein Ergebnis des Untergangs der Feudalgesellschaft ist, sondern ihre Ursache.

4. Ursachen der Entstehung des Nationalismus

4.1 Die Modernisierungstheorie

Welche Voraussetzungen ermöglichten das Aufkommen des Nationalismus und das Entstehen von Nationen? Warum geschah dies im 18. und vor allem im 19. Jahrhundert?

Die meisten Forscher, die sich mit diesen Fragen beschäftigten, sind sich einig, dass es einen Zusammenhang zwischen Nationalismus auf der einen

---

[20] Vgl. Kohn, Hans, Die Idee des Nationalismus. Ursprung und Geschichte bis zur Französischen Revolution, Frankfurt 1962, S. 9.
[21] Alter, Peter, Nationalismus, Frankfurt am Main 1985, S. 61.

und Modernisierung und Industrialisierung auf der anderen Seite gibt.[22] Man spricht von der „Modernisierungstheorie"[23]. Demnach sind Nationalismus und Nationen ein Ergebnis einer großen gesellschaftlichen Modernisierung und entstanden in der Zeit der Transformation von Agrar- zu Industriegesellschaften, in welcher sich „streng strukturierte Standesgesellschaften […] in formal egalitäre Gesellschaften"[24] verwandelten. Nach dem Historiker Ernest Gellner „konnte der Nationalismus in Agrargesellschaften schwer entstehen."[25] Es brauchte eine andere Form der Gesellschaft, wenn der Nationalismus den Feudalismus als oberste emotionale Bindung und Loyalität ablösen wollte.[26]

Der Nationsgedanke entstammt Intellektuellen und aufklärerischen Vordenkern aus dem Bürgertum. Mit der Definition des Abbé Sieyès wird die Masse der Bevölkerung, die dem Dritten Stand angehörte und zu großen Teilen völlig unpolitisch war, in einer gemeinsamen politischen Form, der Nation, zusammengefasst.[27] Die Entstehung der gedanklichen Basis des Nationalismus fällt in die Zeit vor der Industriellen Revolution. In Deutschland weitete er sich als Massenphänomen jedoch erst mit dem Durchbruch der Industriellen Revolution aus. Um Menschen zu politisieren wirkte eine verbesserte Kommunikation förderlich. Sie ist eine wichtige Voraussetzung für das Entstehen und Verbreiten eines nationalen Bewusstseins, sie kann jedoch nicht die alleinige Voraussetzung sein. Hierzu sind weitere Impulse erforderlich.

Gellner ist weiterhin der Auffassung, dass Nationalismus eine „Reaktion auf Rückständigkeit"[28] sei und Antony D. Smith sieht den Nationalismus als

---

[22] Vgl. Winkler, Heinrich August, Der Nationalismus und seine Funktionen. In: Winkler, Heinrich August (Hrsg.), Nationalismus, Königstein/Ts. 1985, S. 26.

[23] Kuhnen, Jan Drees, Die Zukunft der Nationen in Europa. Ist das Zeitalter der Nationen und Nationalstaaten in Europa vorüber?, Berlin 2009, S. 89.

[24] Ionescu, Dana, Die Nationalismustheorie von Ernest Gellner. In: Salzborn, Samuel (Hrsg.), Staat und Nation. Die Theorien der Nationalismusforschung in der Diskussion, Stuttgart 2011, S. 50.

[25] Ionescu, Dana, Die Nationalismustheorie von Ernest Gellner. In: Salzborn, Samuel (Hrsg.), Staat und Nation. Die Theorien der Nationalismusforschung in der Diskussion, Stuttgart 2011, S. 49.

[26] Vgl. Alter, Peter, Nationalismus, Frankfurt am Main 1985, S. 14.

[27] Vgl. Kohn, Hans, Die Idee des Nationalismus. Ursprung und Geschichte bis zur Französischen Revolution, Frankfurt 1962, S. 10.

[28] Winkler, Heinrich August, Der Nationalismus und seine Funktionen. In: Winkler, Heinrich August (Hrsg.), Nationalismus, Königstein/Ts. 1985, S. 26.

Ergebnis einer „Krise traditionaler Autoritäten, Werte und Überzeugungen"[29]. Der Historiker Hans Kohn sieht darüber hinaus „das Bestehen einer zentralisierten Regierungsform" als „unerläßliche Voraussetzung für das Dasein des Nationalismus."[30] Dieses Kriterium sei durch die absolutistischen und zentralistischen Herrschaften der Fürsten im 18. Jahrhundert erfüllt worden. Nationalismus kann zudem nur entstehen, wenn Bildung und soziales Interesse bei den Menschen vorhanden sind. So sind die Träger des Nationalismus zunächst Intellektuelle, die von einer Modernisierung erfasst worden waren. Bei Desinteresse kann sich der Nationalismus auch wieder zurückbilden.[31]

Es gibt offenbar auf der einen Seite wirtschaftliche Faktoren (z.B. Rückständigkeit) und auf der anderen Seite politische und gesellschaftliche Faktoren (z.B. Krise des Ancien régime, Französische Revolution), die die Ursachen für die Entstehung des Nationalismus waren. Ergo gibt es nicht nur eine Ursache: Der Nationalismus muss ein Ergebnis eines vielfältigen Entwicklungsprozesses sein, der bis heute nicht abgeschlossen ist.

Die Aufgabe des Nationalismus als Integrationsideologie bestand darin, die verloren gegangene Verbundenheit zwischen den Individuen wiederherzustellen und die gesellschaftliche Unsicherheit und emotionalen Spannungen zu vermindern, die das Ergebnis der Industrialisierung und der damit verbundenen Arbeitsteilung und Spezialisierung waren, indem er ihnen in Form des Nationalstaates eine neue Gemeinschaft bot. „In dieser kritischen Situation eines beschleunigten Wandels in nahezu allen Lebensbereichen entwarf der Nationalismus eine neue Ordnung von Staat und Gesellschaft, die das auf sich selber zurückgeworfene Individuum in neue Zusammenhänge einband."[32]

Die Anfänge des Nationalismus liegen, so schlussfolgert Heinrich August Winkler, im „krisenhaften Übergang von einer ´segmentären´ in eine

---

[29] Ebd., S. 26.
[30] Kohn, Hans, Die Idee des Nationalismus. Ursprung und Geschichte bis zur Französischen Revolution, Frankfurt 1962, S. 10.
[31] Vgl. Dann, Otto, Nationsbildung im neuzeitlichen Europa. In: Bues, Almut und Rexheuser, Rex (Hrsg.), Mittelalterliche nationes – neuzeitliche Nationen. Probleme der Nationenbildung in Europa, Wiesbaden 1995, S. 32.
[32] Alter, Peter, Nationalismus, Frankfurt am Main 1985, S. 82.

'komplexe Gesellschaft'."[33] Der Nationalismus ist zugleich *Produkt* und *Instrument* eines „universalen Modernisierungsprozesses."[34] „Nationale Bewegungen sind vielfach durch gesellschaftliche Wandlungsvorgänge bedingt und andererseits ist der Nationalismus selbst ein Faktor, der auf den Prozess der Modernisierung einwirkt."[35]

4.2 Das Bürgertum als Trägerschicht des Nationalismus

Der Träger dieser Bewegung war das aufstrebende Bürgertum. Als geistig und wirtschaftlich dominierender Stand wollte er die politische Führung übernehmen, „um die Umwandlung des ständisch gegliederten Untertanenverbandes in die staatsbürgerliche Gesellschaft zu vollenden."[36] Zunächst wurden Nationalismus und der Nationsbegriff gegen innere Gegner, die alten Führungseliten von Adel und Klerus, verwendet. Mit der Negation und Abstreitung der Souveränität der französischen Nation durch die monarchischen Regierungen Europas richtete sich der Nationalismus dann auch gegen sie. Die französischen Revolutionäre zogen in den Krieg, um ihre Ideen zu verbreiten. Die französische Fremdherrschaft unter der Führung Napoleons weckte bei den anderen Völkern Widerstand. In Deutschland richtete sich der Nationalismus auf der einen Seite gegen innere Gegner, weil sich das Bürgertum an den Ideen der Aufklärung und der Französischen Revolution (Menschen- und Bürgerrechte, Demokratie, Volkssouveränität) orientierte, und auf der anderen Seite zugleich gegen äußere Gegner, das napoleonische Frankreich. Der frühe deutsche Nationalismus ist deswegen anti-feudal und anti-französisch. Wie in Frankreich sah sich auch in Deutschland das aufstrebende Bürgertum als Träger der Nation und Motor der nationalen Einheit, die für sie volle wirtschaftliche und politische Entfaltung bringen würde.[37]

Zusammenfassend lässt sich sagen: Die wirtschaftlich führende Schicht, das Bürgertum, forderte die Nation und war empfänglich für den Nationalismus,

---

[33] Winkler, Heinrich August, Der Nationalismus und seine Funktionen. In: Winkler, Heinrich August (Hrsg.), Nationalismus, Königstein/Ts. 1985, S. 26.
[34] Ebd.
[35] Dann, Otto (Hrsg.), Nationalismus und sozialer Wandel, Hamburg 1978, S. 210.
[36] Ebd., S. 62.
[37] Vgl. ebd., S. 62f.

weil es trotz seiner wirtschaftlichen und geistigen Stärke keinerlei poltische Partizipation hatte. Im Gegensatz zu Frankreich war das Bürgertum in Deutschland noch weit weniger entwickelt, weshalb sich der Nationalismus dort erst infolge des Aufstiegs des Bürgertums mit dem Durchbruch der Industriellen Revolution nach 1850 durchsetzte. Frankreichs Bürgertum setze den Nationsbegriff zum Erlangen politischer Herrschaft zu einem Zeitpunkt ein, als die Industrielle Revolution in Frankreich noch keine Auswirkungen hatte.[38]

4.3 Wiener Kongress und Restaurationszeit – Aufstieg des deutschen Bürgertums

Nach dem Sieg über Napoleon versammelten sich 1814/15 die Monarchen und Staatsmänner der europäischen Großmächte in Wien, um die politische Neuordnung Europas zu regeln. Die politischen Verhältnisse vor der Französischen Revolution sollten wiederhergestellt werden und die Legitimität der Herrschaft leitete sich wieder aus den alten Dynastien und dem Gottesgnadentum ab. Die Ideen der Volkssouveränität und einer Nation rechtsgleicher Bürger wurden strikt abgelehnt und in der Restaurationsphase bis 1848 mit allen Mitteln von den Fürsten versucht einzudämmen. In der Restaurationszeit gelang dem deutschen Bürgertum durch die fortschreitende Industrialisierung der wirtschaftliche Aufstieg, den es mit politischer Macht verbinden wollte. Nach der gescheiterten Revolution 1848/49 wurde die nationale Idee schließlich auf die Staatsebene verlagert. Allen voran Preußen begann damit, sich die nationale Einheit auf die Fahnen zu schreiben.

4.4 Entstehung des deutschen Nationalismus

„Der deutsche Nationalismus entstand, zunächst als Minderheitsphänomen unter den bildungsbürgerlichen Eliten und einigen städtischen Aktivbürgern, unter dem Einfluss vor allem der Französischen Revolution und ihres Erben Napoleon. […] Bis ca. 1840 wurde er aus einem Minderheits- zu einem

---

[38] Vgl. Winkler, Heinrich August, Der Nationalismus und seine Funktionen. In: Winkler, Heinrich August (Hrsg.), Nationalismus, Königstein/Ts. 1985, S. 6.

Massenphänomen, in Gestalt einer in sich vielfältig differenzierten Nationalbewegung, deren soziale Reichweite gleichwohl begrenzt blieb."[39] Er unterscheidet sich grundlegend vom französischen Nationalismus, weil Deutschland keine gemeinsame politische Geschichte hatte und sich nur auf sein kulturelles Erbe berufen konnte. Der deutsche Nationalismus ist aus einem gemeinsamen kulturellen Erbe entstanden, der französische Nationalismus hat einen politischen Ursprung. Er gründete sich auf politische Selbstbestimmung und die Volkssouveränität, wohingegen der deutsche Nationalismus sich auf Sprache, Kultur und Blut stützte.[40] Die Zugehörigkeit zur deutschen Nation ist eine Angelegenheit des Schicksals (Schicksalsgemeinschaft) und hängt von objektiven Faktoren ab (Determinismus). Beiden gemeinsam ist jedoch die Trägerschicht: die Intellektuellen und das aufstrebende Bürgertum.

„Die Anziehungskraft des Nationalismus als politischer Bewegung ergab sich aus fundamentalen psychologischen Bedürfnissen gesellschaftlicher Gruppen."[41] Als Katalysatoren wirkten die napoleonische Fremdherrschaft in Deutschland und die Befreiungskriege, der Wiener Kongress wirkte danach hingegen wieder als Hemmung. Die Entstehung des Nationalismus lässt sich nicht allein durch eine „kulturelle oder ethnische Interpretation"[42] erklären. Wie entstanden die „fundamentalen psychologischen Bedürfnisse"? Eine erste These meint, dass Nationalismus „durch wachsende Einsicht in die wirtschaftliche Rückständigkeit und durch das Streben nach einem zeitgemäßen Wirtschaftssystem entsteht."[43] Die Forderung nach einem Nationalstaat wurde also nicht nur politisch, sondern auch wirtschaftlich begründet. „Zwischen wirtschaftlichem Wachstum und Nationalismus gibt es

---

[39] Kocka, Jürgen, Das lange 19. Jahrhundert. Arbeit, Nation und bürgerliche Gesellschaft, Stuttgart 2001 (= Gebhardt. Handbuch der deutschen Geschichte, 10. Völlig neu bearb. Aufl., Bd. 13), S. 84.
[40] Vgl. Berdahl, Robert M., Der deutsche Nationalismus in neuer Sicht. In: Winkler, Heinrich August (Hrsg.), Nationalismus, Königstein/Ts. 1985, S. 139f.
Berdahl greift die These Hans Kohns auf, dass es eine „subjektive" und eine „objektive" Auffassung der Nation gibt. Die „subjektive" Auffassung hat den allgemeinen Willen und die politische Selbstbestimmung als Grundlage, die in der Frz. Revolution zum Ausdruck kamen, die „objektive" basiert auf Blut, Sprache und Kultur, die „gemeinsame Nenner des Deutschtums" (Berdahl) sind.
[41] Ebd., S. 141.
[42] Ebd.
[43] Ebd., S. 143

mithin eine Wechselbeziehung."[44] So kam es in Deutschland zunächst zum Kampf gegen die französische Fremdherrschaft, bald aber auch zur Abwehr der wirtschaftlichen Hegemonie Englands, verbunden mit dem wirtschaftlich aufstrebenden Bürgertum.

Der Ökonom Friedrich List forderte den deutschen Nationalstaat, weil er meinte, die Zersplitterung in viele kleine Staaten sei eine der Hauptursachen für die wirtschaftliche Rückständigkeit und Unterentwicklung, weil die Partikularstaaten auf deutschem Boden mit ihrer Vielzahl an Zöllen und verstreuten Kapitalkraft die Industrialisierung verhinderten. Durch die Nation könne die wirtschaftliche Rückständigkeit Deutschlands gegenüber England, dem Mutterland der Industrialisierung, abgebaut, die Industrialisierung vorangetrieben und der Pauperismus (Massenarmut) überwunden werden.[45] Seine Forderungen wurden 1834 mit der Gründung des Deutschen Zollvereins zumindest in Form der wirtschaftlichen Einheit deutscher Staaten umgesetzt.

Die zweite These besagt, dass der Nationalismus „durch die ökonomische Entwicklung verstärkt wird, daß der Prozeß der ökonomischen Modernisierung das traditionelle Gesellschaftssystem zerstört und damit sowohl die Mittel als auch die psychologischen Bedürfnisse für die Schaffung des Bewußtseins einer größeren Gemeinschaft der Nation hervorbringt."[46]

Weil der Nationalismus als Ideologie immer eine Funktion erfüllt, sollte er in einer Zeit der sozialen Umwälzungen und Desintegration die wirtschaftliche Entwicklung vorantreiben und die Menschen in der Gemeinschaft der Nation integrieren. Die Vorbedingung des Nationalismus ist der Zerfall alter Werte und Ordnungen. Folglich musste die Feudalgesellschaft bereits aufgebrochen oder schon zerbrochen sein, damit der Nationalismus wirken konnte. In der Tat konnte die Feudalgesellschaft im Zuge der Beschlüsse des Wiener Kongresses nicht vollständig wiedereingeführt werden und die Bauernbefreiung in Preußen hatte zur Folge, dass die Bauern ihre Existenzgrundlage und ihre sozialen Absicherungen verloren.

Der Nationalismus diente als Instrument zur Überwindung wirtschaftlicher Rückständigkeit im Vergleich zu anderen Staaten und als Mittel zur

---

[44] Winkler, Heinrich August, Der Nationalismus und seine Funktionen. In: Winkler, Heinrich August (Hrsg.), Nationalismus, Königstein/Ts. 1985, S. 29.
[45] Vgl. Alter, Peter, Nationalismus, Frankfurt am Main 1985, S. 98.
[46] Berdahl, Robert M., Der deutsche Nationalismus in neuer Sicht. In: Winkler, Heinrich August (Hrsg.), Nationalismus, Königstein/Ts. 1985, S. 146.

Wiederherstellung sozialer Integration im Übergang von einer traditionellen zu einer modernen Gesellschaft.[47]

4.5 Sozialer Wandel als Voraussetzung nationaler Bewegungen

Karl W. Deutsch begründet die Entstehung von Nationalismus mit sozialer Dynamik. Die Industrialisierung, die Bildungsausweitung, die Verstädterung und das Entstehen moderner (Massen-)Medien schufen nach der Abschaffung des Feudalismus soziale Unterschiede, die zur gesellschaftlichen Mobilisierung großer Bevölkerungsgruppen beitrugen, denn der Dritte Stand als Sammelbecken der Mehrheit der Bevölkerung löste sich auf. Infolge dessen erweiterte und intensivierte sich die soziale Kommunikation und die Informationsströme verdichteten sich. Durch kulturelle Gemeinsamkeiten – besonders eine gemeinsame Sprache – wurde die Kommunikation erleichtert. Die Mobilität der Bevölkerung stieg mit der Entwicklung neuer Verkehrsmittel, z.B. der Eisenbahn. Die Menschen hatten die Möglichkeit, ihren Geburtsort zu verlassen. Gleichzeitig stieg die Chance des sozialen Aufstiegs.[48]

Die soziale Mobilisierung ist ein Vorgang, bei dem alte gesellschaftliche Bindungen aufgelöst werden und die Menschen sich für neue Formen der Gemeinschaft interessieren. Die soziale Mobilisierung teilt sich in zwei Etappen: Erst werden die Menschen aus ihren alten Bindungen herausgerissen („soziale Aktivierung"[49]) und dann in eine neue Form der Organisation integriert („kulturelle und politische Assimilation"[50]). Diese Aufgabe fällt dem Nationalismus zu, der die isolierten Menschen in der Nation als Gemeinschaft wiedereinbindet.

---

[47]Vgl. Berdahl, Robert M., Der deutsche Nationalismus in neuer Sicht. In: Winkler, Heinrich August (Hrsg.), Nationalismus, Königstein/Ts. 1985, S. 149.

[48] Vgl. Kuhnen, Jan Drees, Die Zukunft der Nationen in Europa. Ist das Zeitalter der Nationen und Nationalstaaten in Europa vorüber?, Berlin 2009, S. 90.
Kuhnen unterscheidet zwischen horizontaler (Verkehrsmittel, Verlassen des Geburtsorts) und vertikaler (sozialer Aufstieg) Mobilität.

[49] Mohr, Julia, Die Nationalismustheorie von Karl W. Deutsch. In: Salzborn, Samuel (Hrsg.), Staat und Nation. Die Theorien der Nationalismusforschung in der Diskussion, Stuttgart 2011, S. 21. Soziale Aktivierung durch Demonstrationseffekt, Massenmedien, Monetisierung, Alphabetisierung, Abwanderung, Urbanisierung, Lohnarbeit.

[50] Ebd.

Erst die Mobilisierung und Kommunikationsrevolution machten die Ausweitung des Nationalismus auf die Bevölkerungsmassen möglich.

5. Fazit

Der wirtschaftliche und soziale Aufstieg des Bürgertums führte zu einem „politischen Kampf gegen den Feudalismus"[51]. Es war ein Kampf zur Befreiung der Nation, als die sich zunächst das Bürgertum des Dritten Standes in Frankreich nach Abbé Sieyès verstand, von der alten feudalistischen Herrschaft. Dieser Kampf gegen die alte Ordnung wurde mit der Forderung einer Gesellschaft rechtsgleicher Bürger, der Nation, verbunden. „Die ständisch gegliederte Gesellschaft der vorrevolutionären Epoche wird von der Nation, der politischen Gemeinschaft rechtsgleicher Bürger, abgelöst."[52]

Mit dem Durchbruch der Industrialisierung „formieren sich die neuen gesellschaftlichen Mächte, die mit der industriellen Arbeitswelt heraufkommen, [als Nationen]; die Nationen werden die Träger der neuen Gesellschaft, die die ständische Ordnung der vorrevolutionären Epoche ablöst."[53]

Der Nationalismus gab den Menschen in einer Epoche der sozialen Entwurzelung und des Zerfalls alter Werteordnungen Orientierung, Gemeinschaft und Transzendenz. Weil der Nationalismus „nicht unmittelbar sichtbare Realität ist, muss er geglaubt werden; der Nationalismus ist die säkulare Religion des Industriezeitalters."[54] Nicht mehr das Gottesgnadentum rechtfertigte staatliche Herrschaft, sondern die Nation.

Er ist ein „Produkt der Krise"[55]: Der aufstrebende, geistig und wirtschaftlich führende Dritte Stand benutzte ihn, um die politische Macht in Frankreich zu übernehmen. Die sozialen Grundlagen und die sozialen Funktionen des

---

[51] Hroch, Mirsolav, Das Erwachen kleiner Nationen als Problem der komparativen sozialgeschichtlichen Forschung. In: Winkler, Heinrich August (Hrsg.), Nationalismus, Königstein/Ts. 1985, S. 156.
[52] Alter, Peter, Nationalismus, Frankfurt am Main 1985, S. 98.
[53] Schieder, Theodor, Nationalismus und Nationalstaat. Studien zum nationalen Problem im modernen Europa, 2. Aufl., Göttingen 1992, S. 80f.
[54] Schulze, Hagen, Staat und Nation in der europäischen Geschichte, München 1994, S. 172.
[55] Winkler, Heinrich August, Der Nationalismus und seine Funktionen. In: Winkler, Heinrich August (Hrsg.), Nationalismus, Königstein/Ts. 1985, S. 6.

Nationalismus sind aber keine konstanten Größen.[56] Daher muss es unterschiedliche Entstehungsbedingungen des Nationalismus geben. In kleineren Nationen (z.b. die Völker, die sich aus der Habsburgermonarchie lösten) war es vor allem Fremdherrschaft, die die Nationswerdung hervorrief.[57]

Aufgrund der unterschiedlichen Ausgangslagen kann man die Entstehung Nationalismus in Typen klassifizieren, wie etwa Theodor Schieder dies tat. Es gab schon bestehende Staaten (Frankreich, England), die nur noch als Nation konstituiert werden mussten, während andere sich zunächst aus einzelnen Teilen zu einem Nationalstaat einen mussten (Deutschland, Italien) und eine dritte Gruppe moderner Nationalstaaten musste sich von anderen Staaten separieren (Ungarn, Tschechien).

Was sich bei allen Entstehungen des Nationalismus gezeigt hat, ist die Tatsache, dass er die Mobilisierung der Großgruppe, die sich als Nation definiert, „gegen innere und äußere Gegner [bezweckt und] für die Loyalität gegenüber der ´Nation´ absoluten Vorrang vor allen anderen Loyalitäten [beansprucht]. Insofern ist der Nationalismus stets eine Integrationsideologie."[58] Hervorgerufen wird diese Mobilisierung durch die Kommunikationsrevolution und die Industrialisierung, die die soziale Entwurzelung vieler Menschen nach sich zog.

Der Umschlag des Nationalismus in eine militante und reaktionäre Richtung in Deutschland war eine Reaktion auf die erste wirtschaftliche Krise nach der Industriellen Revolution.[59] Im 20. Jahrhundert radikalisierte sich der Nationalismus, weil das Bewusstsein der Differenz und der Gleichheit der Nationen sich in ein Superioritätsbewusstsein wandelte und in den beiden Weltkriegen mündete.

Nationalismus ist ein Ergebnis vielfältiger Faktoren, z.B. Fremdherrschaft, wirtschaftliche Rückständigkeit und Wandlung sozialer und traditionaler Strukturen. Er ist kein reines Ergebnis des Untergangs der Feudalgesellschaft,

---

[56] Vgl. ebd., S. 9f.
[57] Vgl. Hroch, Mirsolav, Das Erwachen kleiner Nationen als Problem der komparativen sozialgeschichtlichen Forschung. In: Winkler, Heinrich August (Hrsg.), Nationalismus, Königstein/Ts. 1985, S. 156f.
[58] Winkler, Heinrich August, Der Nationalismus und seine Funktionen. In: Winkler, Heinrich August (Hrsg.), Nationalismus, Königstein/Ts. 1985, S. 33.
[59] Vgl. ebd., S.28f.

sondern eine „Antwort auf strukturelle Krisen der frühmodernen westlichen Gesellschaften"[60], in einer Zeit „fundamentaler Verunsicherung."[61] Er schafft als neue Legitimationsbasis die Nation und ist insofern „im Kern ein politisches Phänomen im Kampf um Herrschaft und ihre Legitimierung."[62] Man kann ihn als notwendiges und zwangsläufiges Ergebnis eines gesellschaftlichen Modernisierungsprozesses sehen. „Er ist Motor, und er ist Produkt des universalen sozialen und politischen Wandels hin zur ´industriell geprägten und konstitutionell verfaßten Gesellschaft´."[63] Das bedeutet, dass er am Untergang der Feudalgesellschaft beteiligt war und ihn beschleunigt hat und zugleich als Ergebnis des Untergangs in seiner Funktion als Integrationsideologie benötigt und gestärkt wurde. Es ist aber nicht allein das Produkt des Untergangs der ständischen Gesellschaft, sondern gleichsam der Idee der Volkssouveränität und er gewann durch die aufkommende Industrialisierung Auftrieb.

Nationen sind (nach der neuen Nationalismusforschung) trotz ihrer vergangenen und heute noch bestehenden Bedeutung weder natürlich, noch ewig, denn die Menschheit existierte lange bevor es Nationen gab. „Die Ära der Nationen und des Nationalismus scheint eine kurze Zeitspanne im Laufe der überlieferten Geschichte zu sein."[64]

---

[60] Wehler, Hans-Ulrich, Nationalismus. Geschichte, Formen, Folgen, 3. Aufl., München 2007, S. 17.
[61] Ebd.
[62] Ebd., S. 18.
[63] Alter, Peter, Nationalismus, Frankfurt am Main 1985, S. 83.
[64] Deutsch, Karl W., Nationenbildung – Nationalstaat – Integration, Düsseldorf 1972, S. 16. In: Salzborn, Samuel (Hrsg.), Staat und Nation. Die Theorien der Nationalismusforschung in der Diskussion, Stuttgart 2011.

6. Quellenverzeichnis

Sieyès, Emmanuel Joseph, *Qu'est-ce que le tiers-état?*. Zit. nach: Schmitt, Eberhard und Reichardt, Rolf (Hrsg.), Emmanuel Joseph Sieyès. Politische Schriften 1788-1790, 2. Aufl., München-Wien 1981.

7. Literaturverzeichnis

Sekundärliteratur

Alter, Peter, Nationalismus, Frankfurt am Main 1985.

Bues, Almut und Rexheuser, Rex (Hrsg.), Mittelalterliche nationes – neuzeitliche Nationen. Probleme der Nationenbildung in Europa, Wiesbaden 1995.

Dann, Otto (Hrsg.), Nationalismus und sozialer Wandel, Hamburg 1978.

Deutsch, Karl W., Nationenbildung – Nationalstaat – Integration, Düsseldorf 1972.

Kocka, Jürgen, Das lange 19. Jahrhundert. Arbeit, Nation und bürgerliche Gesellschaft, Stuttgart 2001 (= Gebhardt. Handbuch der deutschen Geschichte, 10. Völlig neu bearb. Aufl., Bd. 13).

Kohn, Hans, Die Idee des Nationalismus. Ursprung und Geschichte bis zur Französischen Revolution, Frankfurt am Main 1962.

Kuhnen, Jan Drees, Die Zukunft der Nationen in Europa. Ist das Zeitalter der Nationen und Nationalstaaten in Europa vorüber?, Berlin 2009.

Lemberg, Eugen, Nationalismus, Bd. 2, Reinbek 1964.

Salzborn, Samuel (Hrsg.), Staat und Nation. Die Theorien der Nationalismusforschung in der Diskussion, Stuttgart 2011.

Schieder, Theodor, Nationalismus und Nationalstaat. Studien zum nationalen Problem im modernen Europa, 2. Aufl., Göttingen 1992.

Schulze, Hagen, Staat und Nation in der europäischen Geschichte, München 1994.

Wehler, Hans-Ulrich, Nationalismus. Geschichte, Formen, Folgen, 3. Aufl., München 2007.

Weidinger, D., Nation, Nationalismus, Nationale Identität. Hrsg. von der Bundeszentrale für politische Bildung, Bonn 1998.

Winkler, Heinrich August, Nationalismus, 2., erw. Aufl., Königstein/Ts. 1985.

Lexika

Brockhaus. Die Enzyklopädie in vierundzwanzig Bänden, Studienausgabe, 7. Band, 20. überarb. u. akt. Aufl., Leipzig 2001.

Meyers Enzyklopädisches Lexikon in 25 Bänden, 16. Band, 9., völlig neu bearb. Aufl., Mannheim 1976.